인조 때에는 정묘호란과
병자호란을 겪으며 청나라에 신하의
예를 갖추는 부끄러운 일을 당했어요.
인조의 뒤를 이어 왕위에 오른 효종은
북벌을 위해 많은 노력을 기울였지만
그 꿈을 이루지 못한 채 죽고 말았지요.
북벌을 위해 효종이 어떤 일을
했는지 알아볼까요?

추천 감수 박현숙(고대사)

고려대학교 사범대학 역사교육과를 졸업하고 동 대학원에서 문학박사 학위를 받았습니다. 현재 고려대학교 사범대학 역사교육과 교수로 재직 중이며, 백제 문화와 고대 인물사 등에 대한 활발한 연구를 계속하고 있습니다. 쓴 책으로 〈백제의 중앙과 지방〉, 〈한국사의 재조명〉 등이 있습니다.

추천 감수 정구복(고려사 · 조선사)

서울대학교 사범대학 역사교육과를 졸업하고 서강대학교에서 문학박사 학위를 받았습니다. 한국학중앙연구원 한국학대학원의 교수로 재직 중이며, 한국학중앙연구원 한국학대학원 원장을 역임하였습니다. 쓴 책으로 〈한국인의 역사 의식〉, 〈역주 삼국사기〉, 〈한국 중세 사학사 1, 2〉 등이 있습니다.

추천 감수 김한종(근현대사)

서울대학교 사범대학 역사교육과를 졸업하고 동 대학원에서 역사교육을 전공하여 문학박사 학위를 받았습니다. 현재 한국교원대학교 교수로 재직 중입니다. 쓴 책으로 〈역사 교육 과정과 교과서 연구〉, 〈역사 교육의 내용과 방법〉(공저), 〈한 · 중 · 일 3국의 근대사 인식과 역사 교육〉(공저), 〈역사 교육과 역사 인식〉(공저) 등이 있습니다.

고증 문중양(과학사)

서울대학교 계산통계학과를 졸업하고 동 대학원에서 이학박사 학위를 받았습니다. 쓴 책으로 〈우리 역사 과학 기행〉, 〈우리의 과학문화재〉(공저), 〈세종의 국가 경영〉(공저) 등이 있습니다.

고증 정연식(생활사 및 복식)

서울대학교 국사학과를 졸업하고 동 대학원에서 문학박사 학위를 받았습니다. 쓴 책으로 〈조선 시대 사람들은 어떻게 살았을까?〉(공저), 〈일상으로 본 조선 시대 이야기 1, 2〉 등이 있습니다.

글 박영규

1996년 밀리언셀러 〈한권으로 읽는 조선왕조실록〉을 출간한 이후 〈한권으로 읽는 고려왕조실록〉, 〈한권으로 읽는 백제왕조실록〉, 〈한권으로 읽는 신라왕조실록〉 등 '한권으로 읽는 역사 시리즈'를 펴내면서 쉽고 재미있는 역사책 읽기의 바람을 일으켰습니다. 그 외에도 〈교양으로 읽는 한국사〉 등의 많은 역사책을 썼습니다.

그림 김세현

경희대학교 미술과에서 동양화를 공부하고 수묵화를 주로 그리는 일러스트레이터가 되었습니다. 현재 프리랜서 일러스트레이터로 활동하고 있으며 그린 책으로 〈만년 샤쓰〉, 〈모랫말 아이들〉, 〈아름다운 수탉〉 등이 있습니다.

이미지 제공
연합포토, 중앙포토, 국립중앙박물관, 국립부여박물관, 국립경주박물관, 국립민속박물관, 유연태(사진작가), 허용선(사진작가)

광개토 대왕 이야기 한국사 53 조선

청나라에 맞서 싸우다

총기획 및 발행인 박연환
발행처 (주)한국헤르만헤세
출판등록 제17-354호
연구개발원 경기도 성남시 분당구 금곡동 444-148
대표전화 (031)715-7722
팩스 (031)786-1100
본사 서울시 송파구 석촌동 7-3
대표전화 (02)470-7722
팩스 (02)470-8338
고객문의 080-715-7722
편집 임미옥, 백영민, 윤현주, 지수진, 최영란
디자인 장월영, 주문배, 김덕준, 김지은

ⓒ Korea Hermannhesse

이 책의 표지는 일반 용지보다 1.5배 이상 고가의 고급 용지인 드라이보드지를 사용해 제작하였습니다. 표지를 드라이보드지로 제작하면 습기의 영향을 덜 받기 때문에 본문 용지가 잘 울지 않고, 모양이 뒤틀리지 않아 책을 오랫동안 보존할 수 있습니다.

이 책은 기존의 석유 잉크 대신 친환경 식물성 원료인 대두유 잉크를 사용하여 인쇄하였습니다. 대두유 잉크는 선진국에서 널리 사용하고 있는 고가의 대체 잉크로, 휘발성이 적어 인쇄 상태의 보존이 용이하고, 인체에 무해할 뿐만 아니라 눈에 부담을 주지 않는 자연스러운 색을 내는 특징이 있습니다.

광개토대왕
이야기 한국사

53
★
조선

청나라에
맞서 싸우다

감수 **정구복** | 글 **박영규** | 그림 **김세현**

한국헤르만헤세

업신여김을 받은 인조

왕위를 노리는 능양 대군

인조반정을 이끈 사람은 광해군의 조카이자 능창 대군의 형인
능양 대군이었어요.
광해군과 대북파는 언제 왕위를 넘볼지 모르는 능창 대군 때문에
신경이 곤두서 있었어요.
때마침 광해군의 반대 세력이 능창 대군을 왕위에 앉히려는 일을 벌이자
대북파는 능창 대군을 이 사건에 엮어 귀양 보낸 뒤 죽여 버렸어요.
이때부터 능창 대군의 맏형이었던 능양 대군은 광해군을 내쫓기 위해
힘을 길렀어요.
능양 대군은 광해군이 왕위에 오른 뒤 대접을 못 받던 서인들을
끌어들여 반란을 계획했어요.

궁궐에 으스스한
기운이 돌아….

반란을 일으키려는
세력들 때문이겠지.

이귀, 김자점, 김류, 최명길, 이괄이
능양 대군과 함께한 사람들로,
이들은 모두 이이와 성혼의
제자들이었어요.
이 중 이귀, 김류, 이괄이 군사를
이끌고 오기로 했어요.

이귀는 평산 부사였고, 이괄은 함경북도 병마절도사 벼슬을
받아 국경 지역으로 떠나야 할 처지였지요.
김류 또한 벼슬에서 쫓겨나 있었어요.
반정을 일으키기 1년 전인 1622년, 평산 부사 이귀가 광해군에게
편지를 보냈어요.

폐하, 호랑이가 자주 나타나 백성들이 두려움에 떨고 있습니다.
군사들이 지역에 상관없이 무장한 채 활동할 수 있게 해 주십시오.

반란을 위해 군대를 마음대로 한양으로 옮기려는 속셈이었지요.
하지만 광해군은 이귀의 부탁을 들어주지 않았어요.
능양 대군과 서인들은 1623년에 반란을 일으키기로 결정했어요.
1623년 3월, 평산 부사 이귀가 병사 700명을 이끌고
홍제원에 도착했어요.

성혼은 벼슬에 욕심을
부리지 않고 제자를
기르는 데 힘썼어.

▲ 성혼의 신도비(경기도 파주시)

그곳에는 이미 이괄이 도착해 있었어요.

하지만 어찌 된 일인지 대장을 맡기로 한 김류가 오지 않았어요.

"혁명군 대장을 맡기로 한 사람이 늑장을 부리다니, 원……."

"안 되겠소. 이 절도사께서 앞장을 서야겠소."

"알겠소이다. 모두 머리에 '의(義)' 자가 쓰인 띠를

두르도록 하라!"

막 떠나려고 할 때 김류가 군사를 이끌고 나타났어요.

반란을 일으키기로 한 시간은 원래 3월 13일 새벽이었어요.

하지만 계획이 탄로 나는 바람에 시간을 앞당겼어요.

김류는 일이 실패할까 봐 주저하다가 마지못해 온 것이었어요.

"갑자기 몸이 아파 늦었습니다."

"혹 이 일이 실패할 것 같으니까 일부러 늦게 온 게 아니오?"

"이 절도사, 무슨 말을 그렇게 하는 게요?"

"그렇지 않고서야 대장으로 설 사람이 제일 늦게 온다는 게 말이 되오?"

"어허, 이 절도사 참으시오. 이제 오셨으니, 김 부사께서 대장을 맡고

군대를 합쳐 도성을 칩시다."

9

김류가 총지휘하는 군대는 도성에 도착하자 창의문을 뚫고 들어가
안에서 부하들과 함께 기다리던 능양 대군을 만났어요.
능양 대군은 이어 돈화문까지 이르렀어요.
"불을 질러 우리가 궁궐을 손안에 넣었음을 백성들에게 알려라."
그제야 모든 것을 알게 된 광해군은 궁궐 밖으로 몸을 피했어요.
능양 대군은 곧장 서궁으로 가 인목 대비를 만났어요.
"큰일을 했습니다. 이제 왕위를 이어 이 나라를 위기에서 구하세요."
그날로 능양 대군이 왕위에 오르니 그가 바로 조선 제16대 인조예요.
한편, 달아났던 광해군은 의관 안국신의 집에 숨어 있다가
이틀 만에 붙잡혀 귀양 가는 신세가 되었어요.

▲ 북서쪽에 위치하고 있는 창의문

불만을 품은 이괄

왕위에 오른 인조는 정인홍과 이이첨 등을 죽이고,
200여 명을 관직에서 내쫓았어요.
그리고 공을 세운 이들에게 공신의 칭호를 내렸는데,
김류와 이귀에게는 일등 공신을, 이괄에게는
이등 공신의 칭호를 내렸어요.
"목숨 바쳐 혁명을 성공시킨 나는 이등 공신이고, 애초에 반정에
끼어들 마음도 없던 김류 같은 놈은 일등 공신이라고?"
이괄은 화를 참을 수 없었어요.
게다가 인조는 이괄을 평안 병사 겸 부원수에 임명하여
국경 지역으로 보냈어요.
어느 날 인조가 이괄을 불렀어요.
"경이 이 나라를 지키지 않으면 누가 지키겠소. 지금 북방에는 여진족이
호시탐탐 우리 땅을 노리고 있소.
그대가 지켜 주시오!"
"폐하께서 그리 생각하시니,
신 목숨을 바쳐 나라를
지키겠사옵니다."
그러나 여전히 이괄은 기분이
풀어지지 않았어요.

고생은 내가
다했는데, 어찌
이럴 수가!

흥분을
가라앉히십시오….

이괄이 군사를 훈련시키고 성을 쌓으면서 열심히
변방을 지키고 있을 때, 상소 하나가 올라왔어요.
"폐하, 이괄과 그의 아들 이전, 한명련, 기자헌 등이
반역을 꾀하고 있다고 하옵니다."
"의금부는 곧바로 조사를 벌여 반역의 증거를 잡도록 하라."
하지만 아무것도 밝혀지지 않았어요.
그런데 변방에 있던 이괄이 조사를 받지 않은 것을
반대파들이 문제 삼았어요.
반대파들의 끈질긴 주장에 인조가 말했어요.
"지금 국경 지역은 여진족 때문에 매우 위험한 상황이오.
이런 때에 변방을 지키고 있는 장수를 함부로
끌고 와서야 되겠소? 그렇게 이괄을 조사해야겠다면,
이괄의 아들 이전을 데리고 와 조사하도록 하시오."

왜 변방을 지키고
있는데 반란으로
모는 거야?

이괄이
두려웠나 봐.

의금부 도사와 선전관이
아들을 데리러 오자 이괄은
그들을 죽여 버렸어요. 그리고
부하 한명련이 조사를 받기
위해 한양으로 불려 가자
부하들에게 그를 구하라고
명령했어요.

부하들이 한명련을 구해 오자 이괄은 1624년 1월 22일,

난을 일으키고 병력 1만 명과 함께 도성으로 향했어요.

이괄의 군대는 6일 만에 황해도 황주까지 이르렀어요.

황주에서 관군의 수장 박영서를 죽이고, 며칠 뒤에는

개성을 지나 임진강 나루터를 지키고 있던 관군을 습격했어요.

"도성이 코앞이다! 새 왕을 세워 새 시대를 열자!"

조정에서는 어찌할 바를 몰랐어요.

그들은 먼저 이괄의 가족들을 모두 죽였어요.

"이괄의 군대가 개성을 차지하고 임진강을 넘었다 하옵니다."

안절부절못하던 인조는 한양을 버리고 충청도 공주로 달아났어요.

▲ 인조가 이괄의 난을 피해 공산성에 머물렀던 일이 기록되어 있는
쌍수정 사적비

아무것도 모르는 가족들은 무슨 죄야?

그러게….

14

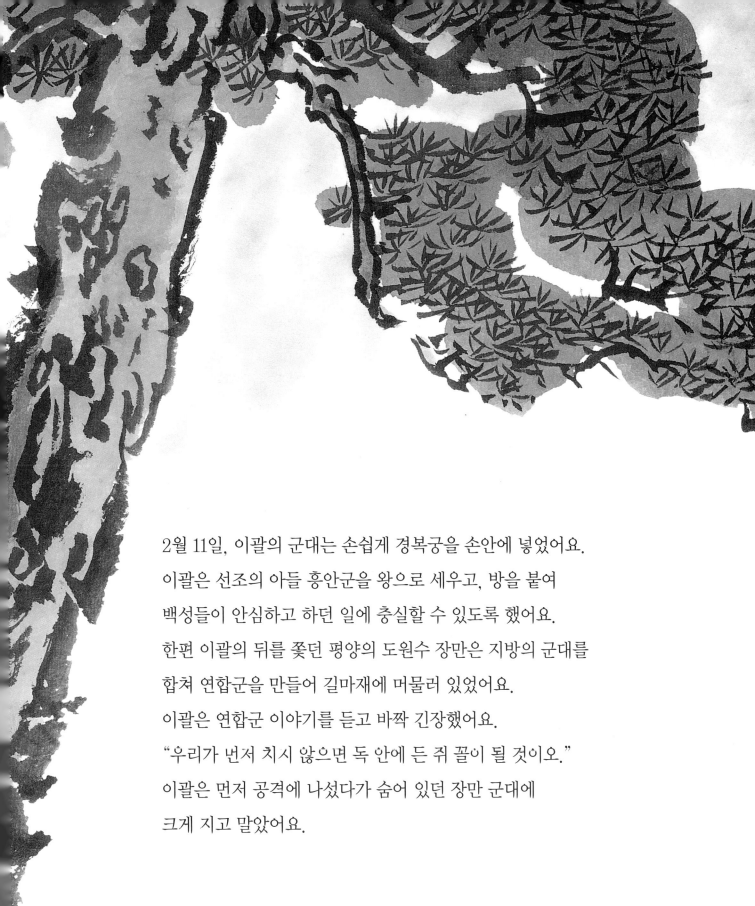

2월 11일, 이괄의 군대는 손쉽게 경복궁을 손안에 넣었어요.
이괄은 선조의 아들 흥안군을 왕으로 세우고, 방을 붙여
백성들이 안심하고 하던 일에 충실할 수 있도록 했어요.
한편 이괄의 뒤를 쫓던 평양의 도원수 장만은 지방의 군대를
합쳐 연합군을 만들어 길마재에 머물러 있었어요.
이괄은 연합군 이야기를 듣고 바짝 긴장했어요.
"우리가 먼저 치지 않으면 독 안에 든 쥐 꼴이 될 것이오."
이괄은 먼저 공격에 나섰다가 숨어 있던 장만 군대에
크게 지고 말았어요.

이괄은 수백 명의 병사를 이끌고 경기도 광주로 달아났어요.

이괄은 절망 어린 눈으로 하늘을 보며 소리쳤어요.

"이것이 나의 운명이란 말인가?"

2월 15일 밤, 이괄이 부하 몇 명과 이천의 묵방리에 이르렀을 때예요.

반란 실패로 죽게 될 것이라고 판단한 부하들이 이괄을 죽이고 말았어요.

이로써 이괄의 난은 마무리되었고, 인조도 한양으로 돌아왔어요.

난이 진정되었지만 민심은 어수선했어요.

게다가 북쪽에서는 여진족이 세운 후금이, 남쪽에서는 왜군이

쳐들어온다는 소문이 들려오기 시작했어요.

한명련의 아들 한윤은 후금으로 가 이렇게 전했어요.

"조선이 엉망진창이니 지금 밀고 내려가면 하루아침에
도성을 무너뜨리고 왕을 붙잡을 수 있을 것이오."

정묘호란과 병자호란

누르하치에 이어 후금의 왕이 된 홍타이지(태종)는 조선이

이괄의 난 때문에 혼란스럽다는 말을 듣고 공격을 결심했어요.

1627년 1월, 홍타이지는 3만 명의 병력으로 조선에 쳐들어왔어요.

이 사건을 '정묘호란'이라고 해요.

"폐하, 이괄의 난을 진압한 장만을 내세우면 될 것이옵니다."

인조는 장만을 도체찰사로 임명하고 후금군을 막도록 했어요.

후금군은 벌써 평양을 거쳐 황해도 황주까지 내려온 상태였어요.

장만이 개성에 진을 치자 후금군은 함부로 진격하지 못했어요.

그 사이 전국에서 의병들까지 일어나 후금의 뒤를 치자,

후금이 먼저 조선에 화해를 하자고 했어요.

"조선이 명나라 편을 들지 않는다면 우린 물러날 것이오.

그리고 약속을 지킨다는
뜻으로 왕자를 볼모로
보내시오."

"왕자는 아직 어려서
다른 나라에 보낼 수
없소. 우리는 앞으로
후금과 형제의 관계를
맺을 것이며,

난에 전쟁에 정신이 하나도 없었겠어.

▲ 후금의 홍타이지(태종) 동상

명나라와 후금의 전쟁에 중립을 지킬 것을 약속하겠소."

후금은 군대를 이끌고 돌아갔어요.

그러나 얼마 후 후금은 약속을 깨고 다른 요구를 해 왔어요.

"명나라와의 전쟁에 쓸 식량과 군대를 지원해 주시오."

"그건 말도 안 됩니다.

우리가 먼저 후금을 칩시다."

일부 신하들이 펄쩍 뛰며 말했어요.

1636년이 되자 후금은 조선을 더 강하게 억눌렀어요.

"후금과 조선은 군신 관계를 맺고, 금 2만 냥, 말 3,000필을 바치시오.

▲ 정묘호란과 병자호란

또한 군대 3만을 빌려 주시오."

후금의 지나친 요구에 조선 조정도 더 이상 참지 못하고

후금을 공격하자는 목소리가 들끓었어요.

후금의 사신들은 겁을 먹고 급히 자기 나라로 돌아가 조선이

공격해 올 것이라고 보고했어요.

그해 4월, 후금은 나라 이름을 청으로 바꾼 뒤

조선에 사신을 보냈어요.

"만약 왕자를 볼모로 보내지 않으면 조선을 공격할 것이다."

조선이 이를 받아들이지 않자 청 태종은 1636년 12월에

조선을 공격해 왔어요.

▲ 인조가 피난을 갔던 남한산성

이 전쟁이 바로 '병자호란'이에요.

14일 만에 청나라군이 개성을 점령하자 인조는 강화도로

피난을 가려고 했어요.

하지만 이미 청나라군이 강화도로 통하는 길을 막아 버려서

할 수 없이 남한산성으로 발길을 돌렸지요.

그러자 영의정 김류가 강력하게 반대했어요.

"폐하, 위험하더라도 강화도로 가셔야 하옵니다.

남한산성은 갇히면 빠져나올 수 없는 곳이옵니다."

왕은 어떻게든 강화도로 가려 했지만 폭설로 말이 움직이지 못해

남한산성으로 갈 수밖에 없었어요.

그곳의 1만 3,000명의 병사가 인조를 지켰어요.

청 태종은 20만 병력으로 남한산성을 포위했어요.

그러는 사이 강화도가 청나라의 손에 들어가자

인조는 청나라에 사신을

보냈어요.

조선은 청나라와 군신 관계를
맺고 항복하겠소.

청나라에
항복합시다.

끝까지 싸워야
해요.

1637년 1월 30일, 인조는 세자와 함께 삼전도(지금의 서울 송파에 있던 나루)에서 청 태종에게 무릎을 꿇고 신하의 예를 갖추었어요.

조선의 항복을 받은 청 태종은 소현 세자와 봉림 대군, 화친을 반대하던 대신들을 포함해 약 50만 명의 조선 사람들을 함께 끌고 갔어요.

"무식한 오랑캐에 무릎을 꿇다니 참을 수 없다."

인조는 중국을 통일한 청나라를 인정하지 않았어요.

한편 청나라에 볼모로 간 소현 세자는 서구 문물을 배우는 등 새로운 국제 관계를 빠르게 익혀 나갔어요.

소현 세자는 1645년 8월에 8년여에 걸친 볼모 생활을 마치고 귀국하면서 서양의 천문학·수학·천주학 서적, 지구의, 망원경, 화포 같은 것들을 가지고 들어왔어요.

인조는 이런 소현 세자를 못마땅하게 여겨 소현 세자를 죽이고, 이어 며느리 강빈과 세손도 죽였어요.

북벌의 꿈을 이루지 못한 효종

청나라에 맞서다

소현 세자가 죽은 후 인조는 둘째 아들 봉림 대군을 세자로 책봉했어요.
원래는 소현 세자의 아들인 세손이 왕위를 이어야 했지만
인조가 세손까지 죽였기 때문에 청나라에 있던 봉림 대군을 불러들여
세자로 삼을 수밖에 없었어요. 그가 바로 조선 제17대 효종이에요.
왕위에 오르자마자 효종은 송시열의 건의를 적극적으로 받아들이고
북벌 정책을 펼쳐 나갔어요.

"반드시 오랑캐를 정벌하고 조선의 기개를
세상에 알릴 것이다."

병자호란 때 청에 볼모로 가 8년 동안 온갖 어려움을 겪은 효종은
반드시 청나라를 무너뜨리겠다고 마음먹었어요.
효종이 북벌을 위해 제일 먼저 한 일은 청나라와 가까이 지내는
세력을 없애는 것이었어요.
특히 김자점은 인조반정으로 공신이 된 후 청나라와 매우
가깝게 지내고 있었지요.
김자점은 인조의 후궁 조씨와 사돈 관계를 맺고 소현 세자가
왕위에 오르지 못하도록 온갖 음모를 꾸몄던 사람이에요.

그의 거짓말에 속아 인조도 소현 세자를 죽였던 것이지요.

효종은 김자점의 죄를 물어 귀양 보냈어요.

"내 형님과 아버님을 서로 헐뜯게 만들어 조정에 혼란을 주고 나라를
어려움에 빠뜨린 죄 죽어 마땅하나, 과거의 공을 생각하여 목숨만은
살려 주겠다. 저자의 관직을 빼앗고 귀양 보내도록 하라!"

그러나 김자점은 가만히 있지 않았어요.

'두고 보자. 네놈을 청나라에 고발해 왕위를 내놓게 만들 것이다.'

김자점은 부하를 청나라로 보냈어요.

"지금 조선의 새 왕이 청나라를 배반하고 군대를 일으켜
청나라를 공격하려 합니다."

세자인 내가 무슨
죄가 있다고….

26

그 말을 들은 청나라 황제는 화가 머리끝까지 났어요.
"조선 왕이 주제를 모르는구나.
당장 군대를 이끌고 가 버릇을 고쳐 주어라."
청나라는 곧바로 군대를 압록강 주변에 배치하고
사건의 진상을 알아보기 위해 조사단을 보냈어요.
"조선 왕이 청나라를 침략하려 한다는 고발이 들어와
그 진상을 알아봐야겠소. 김자점을 데려오시오."
"김자점은 귀양 가 있는 사람입니다.
위기를 느껴 거짓을 고한 것이니 오해하지 마십시오."
조정 신하들의 말에 청나라는 어쩔 수 없이 물러갔어요.
그 뒤, 전라도 광양으로 옮겨진 김자점은 그곳에서도
왕을 내쫓을 생각을 했어요.
그는 귀인이 된 후궁 조씨에게 편지를 보내
숭선군을 새 왕으로 세우자고 했어요.
'그래, 이번 기회에 내 아들을 왕으로 만드는 거야!'
귀인 조씨도 왕위에 욕심이 났어요.
김자점은 아들 김익에게 군사를 모으라고 지시했어요.
그러나 계획이 탄로 나면서 김자점의 아들이 붙잡혔고,
함께 역모를 꾸민 귀인 조씨는 죽임을 당했으며,
숭선군은 강화도로 쫓겨났어요.

무너진 북벌의 꿈

청나라와 가까이 지내던 세력과 김자점을 몰아내고 나서
효종은 본격적으로 북벌을 준비했어요.
"어영청의 군대를 오랑캐 정벌의 맨 앞에 세우고,
군대도 더욱 늘리도록 하라!"
효종은 중앙군인 어영청 군사를 2만 명으로 늘리고,
훈련도감의 군사도 1만 명으로 늘렸어요.
하지만 신하들이 들고일어났어요.
"군대를 늘리려면 많은 돈이 필요합니다."
"이 사실을 청나라에서 알면 즉시 대군을 이끌고 쳐들어올 것이니
빨리 어명을 거두십시오."
"저들의 침략이 두려워 우리가 당한 치욕을 덮어 두자는 말인가?"
"하지만 폐하, 우리는 작은 나라이고 청나라는 중국 대륙을 모두
차지한 큰 나라이옵니다.
그들은 옛날의 오랑캐가 아닙니다."
"무엇보다도 나라 살림이
어려워집니다.
군대를 늘리면 군사가 먹고
입어야 할 것, 녹봉 등 그만큼
돈이 많이 들어가야 하는데,

북벌 정책은
당연한 거야.

원래 우리
땅이었으니까.

28

지금의 형편으로는 감당하기가 어렵사옵니다."

결국 효종의 계획은 이루어지지 못했어요.

그러나 효종은 북벌에 대한 의지를 꺾지 않았어요.

"조총을 개량하여 화력을 높이고 조총 부대를 새로 만들도록 하라!"

당시 청나라에는 조총 부대가 없었기 때문에 조총 부대를 만들면

청나라를 정벌할 수 있을 것이라는 게 효종의 판단이었지요.

얼마 후 조총 부대가 만들어지고, 많은 인력이 조총의 화력을

높이는 작업에 참여했어요.

그런 가운데 제주에서 급한 보고가 올라왔어요.

"제주 앞바다에 이양선이 가라앉아 많은 이양인들이

제주 관아에 머물고 있다고 합니다."

▲ 이양선이라 불린 서양의 배

그러자 효종은 얼굴에 웃음을 띠며 무릎을 쳤어요.

"이양인들은 원래 총에 대해서 잘 알고 있을 터. 그들을 조총 만드는 작업에 참여시키면 반드시 좋은 결과가 있을 게야!"

효종은 곧 제주도에 표류한 네덜란드 선원 36명을 한양으로 데려오라고 했어요. 이때 온 선원 중 한 명이 바로 〈하멜 표류기〉로 유명한 하멜이었어요.

네덜란드 선원들이 오자, 효종은 그들에게 큰 잔치를 베풀어 주고, 군대에 보내 조총 만드는 작업에 참여시켰어요.

덕분에 조선의 조총은 크게 발전하여 화력이 매우 강화되었지요.

그 무렵, 청나라는 헤이룽 강을 넘어 침략해 오는 러시아 인들 때문에 골치를 앓고 있었어요.

러시아 인들은 헤이룽 강변의 풍부한 자원을 탐내 주변에 성을 쌓고 그곳에 머물며 모피를 모아 가곤 했어요. 헤이룽 강 주변에 사는 청나라 백성들은 이들 때문에 마음대로 사냥을 할 수가 없었지요.

▲ 제주도에 있는 하멜 기념비

이에 청은 군대를 보내 그들을 쫓아내려 했지만

그들의 총포에 번번이 당하기만 했어요.

그때 마침 조선의 조총 부대에 관한 소식을 들은 청 황제는

조선에 군사를 보내 달라고 요청했어요.

"헤이룽 강 주변에 사는 청나라 백성들이 러시아 인 때문에 마음대로

사냥할 수가 없으니 조총 부대를 보내 이들을 내쫓아 주시오."

조총 부대의 화력을 시험할 수 있는 좋은 기회라고 여긴 효종은

곧 조총 군사 100명을 뽑아 정벌에 나서도록 했어요.

조선의 조총 부대가 맨 앞에 서서 공격을 하자,

러시아 인들은 헤이룽 강 북쪽으로 도망갔어요.

이후 러시아 인들은 조선의 조총 부대를 두려워해서

헤이룽 강을 함부로 넘지 않았다고 해요.

이런 소식을 들은 효종은 북벌에 더욱 확신을 갖게 되었어요.

조선의 조총 부대가 러시아 인을 몰아냈지.

▲ 조선 시대의 조총

그러나 효종은 1659년 5월에 병으로 드러눕고 말았어요.

이후 영영 일어나지 못하고 41세의 젊은 나이로 생을 마감했어요.

효종은 북벌의 뜻을 이루지 못했으나
그가 키운 조총 부대와 어영청, 훈련도감의 군대는
조선의 국방력을 크게 강화시켰어요.

덕분에 조선 사회는 평화와 안정을 유지할 수 있었답니다.

소현 세자, 새로운 세상을 꿈꾸다

인조가 청나라군에 무릎을 꿇은 뒤 왕자인 소현 세자와 봉림 대군이 청나라로 끌려갔어요. 소현 세자는 청나라에 머물면서 서양 사람들과 만나고, 새로운 사상과 앞선 문물을 접했어요. 소현 세자가 청나라에서 가져온 물건들을 살펴보아요.

🌸 아담 샬과의 만남

청나라에는 천주교를 알리기 위해 서양인 선교사들이 많이 와 있었어요. 그들은 천주교와 함께 서양의 과학 문물도 전해 주었지요.

소현 세자는 독일인 선교사 아담 샬을 포함한 예수회 선교사들과 친하게 지내면서 천주교와 서양 문물을 배웠어요. 화포, 천리경, 나침반, 세계 지도 등도 이때 처음 보았지요.

소현 세자는 8년여 동안 청나라에서 머물고 1645년에 조선으로 돌아올 때 여러 가지 서양 물건을 가져왔어요.

> 서양의 과학이 도움이 될 것입니다.

> 예, 열심히 익혀 고국에 꼭 전하도록 하지요.

🌸 소현 세자가 청나라에서 가져온 물건들

소현 세자는 왕위에 오르면 서양의 문물을 적극적으로 받아들여 나라를 발전시키겠다고 마음먹고 있었기 때문에 귀국할 때 천리경, 지구의, 서양 책 등을 챙겨 왔어요.

• 천리경(망원경)

멀리 있는 물체를 가까이 있는 것처럼 크게 볼 수 있는 물건이에요. 우리나라에 처음 전해진 것은 1631년으로, 명나라에 사신으로 갔던 정두원이 인조에게 바쳤어요.

▲ 조선 시대의 천리경

• 지구의

소현 세자는 아담 샬로부터 '여지구'를 얻어 조선으로 가져왔어요. 우리나라에서는 19세기에 최한기가 처음 만들었어요.

▲ 19세기에 최한기가 만든 놋쇠 지구의

• 신법지평일구

대리석으로 만든 평면 해시계예요. 1636년경 아담 샬의 시헌력을 기초로 중국인이 만들었어요. 예전의 해시계는 안쪽이 오목하지만 신법지평일구는 평평하게 펼쳐 놓은 모양으로, 무게가 310kg이나 돼요.

▲ 18세기 초에 제작된 신법지평일구

• 서양의 책

소현 세자는 천주교의 교리와 서양의 천문학을 다룬 여러 권의 책을 가져왔어요. 그중에는 아담 샬이 쓴 〈주제군징〉도 있어요. 신이 세상을 지배하고 있다는 여러 증거들을 적은 책이에요. 여기에 실린 서양 의학 이론은 훗날 이익이 쓴 〈성호사설〉에 소개되었고, 이규경의 〈오주연문장전산고〉에도 영향을 주었어요.

한국사 돋보기 왜 인절미라고 부를까?

1624년 이괄의 난이 일어났어요. 이괄이 이끄는 부대가 한양을 점령하자 인조는 공주에 있는 공산성으로 피했어요. 공산성의 쌍수정에 머물던 인조는 우연히 떡을 먹게 되었어요. 콩고물이 묻은 쫄깃쫄깃한 떡을 맛있게 먹고 나서 인조가 떡의 이름을 물었어요.
"이름은 없고, 단지 임씨 성을 가진 백성이 만든 절미(맛있는 음식)입니다."
"임씨 성을 가진 백성이 만든 떡이라?"
그 뒤로 이 떡을 '임씨 성을 가진 백성이 만든 절미'라는 뜻에서 '임절미'라고 불렀다가 발음이 힘들어 '인절미'로 바뀌었다고 해요.

쫄깃쫄깃한 찰떡이 왜 인절미인지 알겠어.

인조가 피난 갔던 남한산성

남한산성은 청나라가 쳐들어왔을 때 인조가 몸을 피한 곳이에요. 강화도가 청나라의 손에 들어가자 인조는 남한산성에 들어간 지 45일 만에 세자와 함께 성문을 열고 삼전도에서 청나라에 치욕적인 항복을 했어요.

❀ 조선의 도읍인 한양을 지킨 남한산성

남한산성은 둘레가 약 8킬로미터로, 험준한 남한산을 빙 둘러싸고 있어요. 남한산성에는 네 개의 성문과 행궁, 수어장대 등이 남아 있어요. 행궁은 임금이 궁을 나가서 머무는 곳이고, 장대는 적을 감시하고 군대를 지휘하는 곳이에요. 남한산성에는 네 개의 장대가 있었는데, 지금은 수어장대만 남아 있답니다.

▲ 남한산성 동문

▲ 남한산성 남문

▲ 남한산성 행궁

▲ 남한산성 수어장대

한눈에 보는 연표

우리나라 역사　　세계 역사

1620

▲ 남한산성 연무관

인조 반정 ➡ 1623

이괄의 난 ➡ 1624

남한산성 축조 ➡ 1626

정묘호란 ➡ 1627

1628 ⬅ 영국, 권리 청원 제출

1630

1631 ⬅ 명, 이자성의 난

1633 ⬅ 갈릴레이,
지동설 주장

상평통보 주조 ➡ 1633

병자호란 ➡ 1636 ⬅ 후금, 국호를
청으로 고침

인조, 청에 항복 ➡ 1637 ⬅ 하버드 대학교 창설

하버드 대학교

미국에서 가장 오래된 대학교로, 1636년 영국에서 건너온 청교도들이 세웠어요.

삼전도비

병자호란 때 청 태종이 인조의 항복을 받고 자신의 승리를 기념하기 위해 세웠어요.

1640

광해군 죽음 ➡ 1641

1642 ⬅ 영국, 청교도 혁명

1643 ⬅ 프랑스, 루이 14세 즉위

1644 ⬅ 청, 중국 통일

소현 세자가 청에서 ➡ 1645
천리경, 자명종 등 들여옴

효종 즉위 ➡ 1649

이 일을 계기로
청과 강화를
맺었어.

매사추세츠 주
케임브리지에
있어요.

1650

▲ 영국의 청교도 혁명을
이끈 크롬웰

1651 ⬅ 영국, 항해 조례 발표